Berührt vom Engel der Achtsamkeit

KREUZ

Herausgegeben
von Andreas Steinhausen

Unsichtbare Welt,
wir sehn dich.
Unertastbare Welt,
wir spürn dich.
Unbegreifliche Welt,
wir verstehn dich.
Unnahbare du,
wir berührn dich.

Woher – Wohin

Einer, der uns sehr nüchtern
nach unserem Woher und Wohin fragt
und uns sehr gegen unseren Willen
dahin zurückschickt, wo wir
eben davonlaufen wollen,
kann ein Bote Gottes,
ein Engel sein.

Søren Kierkegaard

Ich weiß nicht, was ich in Wahrheit will oder nicht will, fühle oder nicht fühle, glaube oder nicht glaube. Ich verliere mich in den Dingen, weil ich mich selbst verliere. Die Lösung, die Rettung besteht darin, daß man sich findet, wieder mit sich übereinstimmt, mit sich im klaren ist, was die wirkliche Haltung gegenüber den einzelnen Dingen ist.

JOSÉ ORTEGA Y GASSET

Wer nicht sucht, der findet auch nicht. Der Strom fließt nicht zu den Menschen, die ihn zwar kennen, aber nicht zu ihm kommen wollen, sondern sie müssen zu ihm hinzutreten, wenn sie sein Wasser zu schöpfen begehren.

HILDEGARD VON BINGEN

Erkenne dich selbst – das bedeutet nicht: Beobachte dich. Beobachte dich ist das Wort der Schlange. Es bedeutet: Mache dich zum

Herrn deiner Handlungen. Nun bist du es aber schon, bist Herr deiner Handlungen. Das Wort bedeutet also: Verkenne dich! Zerstöre dich! Als etwas Böses und nur wenn man sich sehr tief hinabbeugt, hört man auch sein Gutes, welches lautet: »um dich zu dem zu machen, der du bist«.

FRANZ KAFKA

Deine Besinnung muß bei dir selbst beginnen, damit du dir selbst nicht gleichgültig geworden, dich vergeblich anderen zuwendest. Was nützt es dir, wenn du die ganze Welt gewinnst und einzig dich verlierst? Denn wärest du auch weise, so würde es dir doch an Weisheit fehlen, solange du über dich selbst nicht Bescheid weißt.Wieviel dir wohl fehlte? Nach meinem Empfinden alles. Du könntest alle Geheimnisse kennen, du könntest die Weite der Erde kennen, die Höhen des Himmels, die Tiefen des Meeres: Wenn du dich selbst nicht kennst, glichest du jemandem, der ohne Fundamente eine Ruine statt eines Gebäudes errichtete. Alles, was du außerhalb deiner selbst aufrichtest, wird wie ein Staubhaufen sein, der dem Wind preisgegeben ist. Keiner ist also weise, der nicht über sich selbst Bescheid weiß. Ein Weiser wird in Weisheit über sich selbst Bescheid wissen und trinkt als erster aus dem Quell seiner eigenen Wassergrube.

Fang mit deiner Besinnung also bei dir selbst an, und nicht nur dies: Laß sie auch bei dir enden. Wohin dein Sinn auch schweifen mag, rufe ihn zu dir zurück, und du erntest Früchte des Heils. Beginne und ende bei dir selbst. Nimm dir als Beispiel den höchsten Vater aller, der sein Wort aussendet und zugleich bei sich behält. Dein Wort, das ist dein Nachsinnen. Wenn es Fortschritte macht, soll es sich nicht von dir entfernen. Es soll sich so vorwärts bewegen, daß es sich nicht von dir wegbewegt. Es soll so aufbrechen, daß es dich nicht im Stich läßt. Wenn es um dein Heil geht, hast du keinen besseren Bruder als dich selbst. Verschließe dich vor allen Gedanken, die gegen dein eigenes Heil gerichtet sind. Was sage ich »gegen«? Ich hätte besser sagen sollen, die abseits von deinem Heil liegen. Was immer sich dir zum Nachsinnen anbietet, weise es zurück, wenn es nicht auf irgendeine Weise deinem Heil dient.

BERNHARD VON CLAIRVAUX

Sie müssen in sich selbst beginnen, mit sich selbst – das ist unnachgiebiges Gesetz. Sie können das Bild der Welt nicht ändern. Verwirklichen Sie, daß die Welt nur ein Spiegelbild Ihrer selbst ist, und hören Sie auf, das Spiegelbild zu tadeln. Kümmern Sie sich um sich selbst, bringen Sie sich selbst in Ordnung. Lassen Sie die Reformen beiseite, und kümmern Sie sich um den Reformer.

Was für eine Sorte Welt kann der Mensch erschaffen, der dumm, gierig und herzlos ist? Um das Bild zu ändern, wechseln Sie den Film, Sie greifen nicht die Leinwand an. Berichtigen Sie Ihre Sicht, bevor Sie ans Werk gehen. Klären Sie Ihren Geist, läutern Sie Ihr Herz, heiligen Sie Ihr Leben – das ist der schnellste Weg, Ihre Welt zu ändern.

NISARGADATTA MAHARAJ

Jeder möchte die Welt verbessern; und er könnte es auch, wenn er nur bei sich selbst anfangen wollte.

KARL HEINRICH WAGGERL

Nicht weil die Dinge schwierig sind, wagen wir sie nicht, sondern weil wir sie nicht wagen, sind sie schwierig.

LUCIUS ANNAEUS SENECA

Es gibt ein Ziel, aber keinen Weg; was wir Weg nennen, ist Zögern.

FRANZ KAFKA

Der Anfang ist immer das Entscheidende; hat man's darin gut getroffen, so muß der Rest mit einer Art von innerer Notwendigkeit gelingen, wie ein richtig behandeltes Tannenreis von selbst zu einer graden und untadeligen Tanne aufwächst.

THEODOR FONTANE

Besonders kennzeichnend für den Menschen ist das Suchen und Forschen nach der Wahrheit. Deshalb suchen wir, sobald wir uns einmal von den dringenden Geschäften und Sorgen freimachen können, etwas zu sehen, zu hören und dazuzulernen. Wir sind der Meinung, daß die Erkenntnis verborgener und bewunderungswürdiger Dinge ohne Zweifel zu einem glücklichen Leben gehört.

Daraus erhellt, daß, was wahr, einfach und rein ist, der Natur des Menschen am meisten entspricht (eben weil es ihn glücklich macht).

MARCUS TULLIUS CICERO

Die Menschen, sagt eine alte griechische Sentenz, werden von den Meinungen gequält, die sie von den Dingen hegen, und nicht von den Dingen selbst. Man hätte schon einen großen Schritt zur Erleichterung des menschlichen Elendes gewonnen, wenn man diesem wahren Gedanken durchgängig und allenthalben Eingang verschaffen könnte.
Denn wenn das Übel keinen andern Eingang bei uns findet als durch unser Urteil, so scheint es in unsrer Macht zu stehen, es zu verachten oder zum Besten zu kehren.Wenn die Sachen sich nach unserem Gutachten fügen, warum lenken und beherrschen wir sie nicht zu unserem Vorteil? Wenn das, was wir

Übel und Pein nennen, an sich weder Pein noch Übel ist, sondern nur insofern ihm unsere Phantasie diese Eigenschaft gibt, so steht es bei uns, es zu verwandeln.
Und da wir die Wahl haben und da nichts uns zwingt, so sind wir ganz sonderbare Toren, uns steif und fest auf der Seite zu halten, die uns den meisten Verdruß macht, und den Krankheiten, der Armut und der Verachtung einen so bitteren, widrigen Geschmack zu geben, wenn wir solchen einen guten geben können? Und wenn das Glück nichts weiter hergibt als die Materie, so ist es unsre Sache, ihr die Form zu geben.

MICHEL DE MONTAIGNE

Materieller Fortschritt allein kann den Menschen unmöglich endgültiges und dauerhaftes Glück bringen. Er wird immer wieder neues Verlangen nach weiterem Fortschritt entfachen. Trinkt man Salzwasser, so nimmt der Durst nur noch zu. Annehmlichkeiten, die nur aufgrund äußerer Faktoren entstehen, sind vorübergehend und bilden eine Grundlage für die Vermehrung von Begierden, die wiederum unausweichlich mehr und mehr Schwierigkeiten und Leiden erzeugen. Wirkliches Glück muß von innen kommen. Einzig die Freude und die Zufriedenheit, die der inneren Kraft des Geistes entspringen, sind wahrhaft und beständig.

DALAI LAMA

Die Weisen lehren uns genug, uns vor der Verräterei unsrer Begierden zu hüten und die wahren, unverfälschten Freuden von den gemischten und mit allerlei Mühseligkeit aufgefärbten Vergnügen zu unterscheiden. Denn die meisten Vergnügungen, sagen sie, kitzeln uns und umarmen uns nur, um uns zu ersticken.

MICHEL DE MONTAIGNE

Es ist eine große Torheit, daß wir Dingen, deren Erkenntnis uns nützlich oder gar notwendig ist, keine Aufmerksamkeit schenken und stattdessen Dinge, die nur unsere Neugier reizen und uns sogar schaden können, so mühsam erforschen. Wir haben Augen und sehen nicht.

THOMAS VON KEMPEN

Wenn Sie sich an die Natur halten, an das Einfache in ihr, an das Kleine, das kaum einer sieht, und das so unversehens zum Großen und Unermeßlichen werden kann; wenn Sie diese Liebe haben zu dem Geringen und ganz schlicht als ein Dienender das Vertrauen dessen zu gewinnen suchen, was arm scheint: Dann wird Ihnen alles leichter, einheitlicher und irgendwie versöhnender werden, nicht im Verstande vielleicht, der staunend zurückbleibt, aber in Ihrem innersten Bewußtsein, Wach-sein und Wissen. Sie sind so jung, so vor allem Anfang, und ich möchte Sie, so gut ich es kann, bitten, Geduld zu haben gegen alles Ungelöste in Ihrem Herzen und zu versuchen, die Fragen selbst liebzuhaben wie verschlossene Stuben und wie Bücher, die in einer sehr fremden Sprache geschrieben sind. Forschen Sie jetzt nicht nach den Antworten, die Ihnen nicht gegeben werden können, weil Sie sie nicht leben könnten. Und es handelt sich darum, alles zu leben. Leben Sie jetzt die Fragen. Vielleicht leben Sie dann allmählich, ohne es zu merken, eines fernen Tages in die Antwort hinein.

RAINER MARIA RILKE

Das Leben ist kein Traum. Es wird nur zum Traume durch die Schuld des Menschen, dessen Seele dem Rufe des Erwachens nicht folgt.

ERNST VON FEUCHTERSLEBEN

Unsere Dinge in Licht und Schatten
Sind wie die Sonne sie zeigt.
Wer entzündet aber die Sonne?
Dein Auge.
Und wer öffnet Dein Auge?
Dein Herz.
Ziehe Dein Herz groß –
So wachsen die Dinge ihm nach.

ALBRECHT SCHAFFER

Finde dich, sei dir selber treu, lerne dich verstehen, folge deiner Stimme, nur so kannst du das Höchste erreichen. Du kannst nur dir treu sein in der Liebe, was du schön findest, das mußt du lieben, oder du bist dir untreu.

BETTINA VON ARNIM

Aus nassem Ton formt man Gefäße,
aber das Leere in ihnen
ermöglicht das Füllen der Krüge.

Aus Holz zimmert man Zimmer und Fenster,
aber das Leere in ihnen
macht das Haus bewohnbar.

So ist das Sichtbare zwar von Nutzen,
doch das Wesentliche bleibt unsichtbar.

LAOTSE

Man muß sich selbst erkennen. Wenn das nicht helfen sollte, das Wahre zu finden, so hilft es wenigstens dabei, sein Leben einzurichten, und es gibt nichts Richtigeres.

BLAISE PASCAL

Das Leben bedeutet eine fast lückenlose Reihe persönlicher Entdeckungen.

GERHART HAUPTMANN

Unsere Eigenschaften müssen wir kultivieren, nicht unsre Eigenheiten.

JOHANN WOLFGANG VON GOETHE

Nur durch eines kann sich der Mensch vervollkommnen: wenn er ein für allemal weiß, was gut und was böse ist.

LUCIUS ANNAEUS SENECA

Die sinnvollste Erfahrung, die wir Menschen im Leben machen können, ist die des permanenten schöpferischen Werdens. Unser Sehnen und Hoffen, unsere tägliche Erwartung, sind ständig in diese Richtung gewandt. Die Urkraft des Werdens hilft uns auf geheimnisvolle Weise über Mißgeschicke und Niedergeschlagenheit hinweg. Sie läßt unsere Lebensenttäuschungen in einem zukunftsweisenden Licht verblassen.

TATIANA FÜRSTIN METTERNICH

Liebe das, was dir widerfährt und zugemessen ist; denn was könnte dir angemessener sein?

MARC AUREL

Der Meister sprach: »Durch Geradheit lebt der Mensch. Ohne sie lebt er nur durch glückliche Zufälle und Ausweichen.«

KUNGFUTSE

Die ihr den Weg sucht, vergeßt den gegenwärtigen Augenblick nicht!

SANDOKAI

Man muß versuchen, den nächsten Tag immer besser zu machen als den vorangehenden, solange wir auf dem Wege sind; sind wir aber an die Grenze gekommen, dann in gleichmäßiger Freude zu sein.

EPIKUR

Alle Wesen, die vom Himmel abstammen, wie die Engel, haben ihre Seelen und auch ihre Körper vom Himmel. Alle Wesen hingegen, die von der Erde abstammen, wie die Tiere, haben ihre Seele und auch ihren Körper von der Erde. Eine Ausnahme jedoch bildet der Mensch, dessen Seele vom Himmel, dessen Körper aber von der Erde stammt. Handelt er gemäß dem Willen seines Vaters im Himmel, so gleicht er den Himmlischen; wenn nicht, so gleicht er den Irdischen.

WEISHEIT DER JUDEN

Der Weise sucht, was in ihm selber,
der Tor, was außerhalb ist.

KONFUZIUS

Warum dich durch die Außendinge zerstreuen? Nimm dir Zeit, etwas Gutes zu lernen, und höre auf, dich wie im Wirbelwind umhertreiben zu lassen. Hüte dich noch vor einer anderen Verirrung, denn es ist auch Torheit, sich das Leben durch zwecklose Handlungen schwer zu machen; man muß ein Ziel haben, auf das sich alle unsere Wünsche, alle unsere Gedanken richten.

MARC AUREL

Wer glaubt, etwas zu sein, hat aufgehört, etwas zu werden.

PHILIPP ROSENTHAL

Leb in der Gegenwart!
Zu leer ist und zu weit
Der Zukunft Haus, zu groß
das der Vergangenheit.

FRIEDRICH RÜCKERT

Wenn ich das Gegenwärtige nicht so liebte, wenn ich diese Liebe nicht hätte wie einen großen und sicheren Fallschirm, ich wäre längst ins Bodenlose gefallen.

CHRISTIAN MORGENSTERN

Wenn du die Menschen lehren willst, ihren verlorenen Hirten wiederzufinden, erinnere dich bitte daran, daß das Universum bereits ein unbefreites Ganzes ist. Sonne und Mond scheinen gerecht und unterschiedslos für alle, ihre Bahn verläuft regelmäßig und am vorbezeichneten Platz. Die Tiere leben immer schon in Herden beieinander oder auch einzeln. Die Bäume wachsen an dem für sie geeigneten Ort, und niemand braucht ihnen zu sagen, wie sie es richtig und gerecht machen sollen. Warum siehst du dir nicht einfach dieses Leben (Tao) und diese Gerechtigkeit (Te) an? Du schwenkst eine Fahne von Nächstenliebe und Gerechtigkeit und verwirrst damit alles nur noch mehr. Lehre doch lieber die Menschen, zu ihrer eigenen, vollkommenen Einfachheit zurückzufinden. Das ist nämlich schon das höchste Tao.

LAOTSE

Wir müssen das sagen, was wir denken.
Wir müssen das, was wir sagen, auch tun.
Wir müssen das, was wir tun, auch sein.

ALFRED HERRHAUSEN

Zahle Gutes für Böses

Einer fragte den Weisen:
»Worin besteht Klugheit?«
»In Menschenkenntnis.«
»Und worin besteht Tugend?«
»In Menschenliebe.«

Mong Dsi

Bevor du dich daran machst, die Welt zu verbessern, gehe dreimal durch dein eigenes Haus.

WEISHEIT AUS CHINA

Der Erkenntnis ist es vor allen anderen Seelenkräften eigen, Einsicht zu nehmen, ob etwas in den Handlungen der Menschen gut oder böse sei. Wie ein Meister durchschaut sie alles, alles würfelt sie durch, wie man den Weizen von der Spreu reinigt. Sie erforscht, ob etwas nützlich oder schädlich, der Liebe oder des Hasses wert, zum Leben oder zum Tode sei. Ohne sie sind die übrigen Seelenkräfte einsichtslos und stumpf, wie die Speise ohne Salz schal ist.

HILDEGARD VON BINGEN

Ich hatte ungeheuer vieles noch nicht gesehen und nicht bemerkt an diesem Menschen, den ich bereits verurteilte.

FJODOR M. DOSTOJEWSKIJ

Ein Mönchsvater in der Wüste wurde einmal von einem Bruder gefragt: »Warum urteile ich eigentlich so häufig über meine Brüder?« Der Weise antwortete ihm: »Weil du dich noch nicht selbst kennst. Denn wer sich selber kennt, der sieht die Fehler der Brüder nicht.«

WEISHEIT DER WÜSTENVÄTER

Genau in dem Grade, in dem du Wesen finden kannst, die größer sind als du, zu denen du aufsehen kannst, in dem Grade wirst du edler, in dem Grade wirst du glücklicher werden. Wenn du immer in der Gegenwart von Erzengeln leben könntest, würdest du glücklicher sein als in der Gesellschaft von Menschen; aber sogar in der Gesellschaft bewunderungswürdiger Ritter und schöner Damen würdest du desto glücklicher sein, je edler und glänzender sie wären, und je mehr du ihre Tugend verehren könntest. Wenn du dagegen dazu verurteilt wärest, unter einer blöden, dummen, verdrehten und boshaften Menge zu leben, so würdest du im beständigen Gefühl deiner Überlegenheit nicht glücklich sein. Ebenso hängt alle Freude und Kraft der Menschheit zum Fortschritt davon ab, daß etwas zu verehren gefunden wird, und alles Elend der Menschheit fängt mit der Gewohnheit des Verachtens an.

JOHN RUSKIN

Sei, was du bist, immer ganz und immer derselbe. Nicht heute warm, morgen kalt, heute grob, morgen höflich und zuckersüß, heute der lustigste Gesellschafter, morgen trocken und stumm wie eine Bildsäule. Mit solchen Leuten ist übel umzugehen.

ADOLPH FREIHERR VON KNIGGE

Jeder kann wütend werden, das ist leicht. Aber mit dem richtigen Menschen, im rechten Ausmaß, zur rechten Zeit, aus dem rechten

Grund, auf die rechte Weise wütend zu sein, das ist nicht so leicht.

ARISTOTELES

Soll ich dir sagen, was die beste Eigenschaft im Diesseits und im Jenseits ist? Daß du dem entgegenkommst, der die Bande zwischen euch zerrissen hat, daß du dem gibst, der dir das Nötige verweigert hat, und daß du dem vergibst, der dich ungerecht behandelt hat.

WEISHEIT DES ISLAM

Da trat Petrus hinzu und sprach zu ihm:
»Herr, wenn mein Bruder sich gegen mich verfehlt, wie oft soll ich ihm vergeben? Bis zu siebenmal?«
Jesus antwortete ihm:
»Ich sage dir, nicht bis siebenmal, sondern bis zu siebenundsiebzigmal.«

MATTHÄUS 18, 21-22

Strebe danach, geduldig im Ertragen der Fehler und Schwächen anderer zu sein, weil auch du viele hast, die von anderen ertragen werden müssen.

THOMAS VON KEMPEN

Es zeugt von Seelengröße, eine Beleidigung mit Sanftmut zu ertragen.

DEMOKRIT

Wähle von beiden eins, was du willst: daß du entweder mit Sanftmut und Geduld unter den Leuten lebst und das behältst, was du hast, mit Friede und gutem Gewissen, oder ob du mit Poltern und Rumoren das Deine verlierst und keine Ruhe dazu hast. Denn es steht geschrieben: »Die Sanftmütigen sollen das Land besitzen.« Und siehe nur, selbst die seltsamen Köpfe, die immerdar zanken, um Gut und andere Dinge hadern und niemand weichen, sondern alles starrköpfig durchsetzen wollen, als ob sie nicht mehr im Prozeß oder Krieg verlieren, als sie je gewinnen könnten, und zuletzt Land und Leute, Haus und Hof verlieren, mit Unfrieden und bösem Gewissen dazu.

MARTIN LUTHER

Eines schlug tiefe Wurzeln in mir: die Überzeugung, daß Moral die Grundlage der Dinge und daß Wahrheit die Substanz aller Moralität ist. Wahrheit wurde mein einziges Ziel. Sie nahm täglich an Bedeutung zu, und meine Vorstellung von ihr wurde immer weiter. Eine didaktische Stanze auf Gujarati (meine Muttersprache) ergriff meinen Geist und mein Herz gleichermaßen. Ihre Weisung – zahle Gutes für Übles – wurde mein Leitprinzip. Es wurde für mich eine solche Leidenschaft, daß ich zahlreiche Experimente damit begann. Hier sind jene (für mich) wundervolle Zeilen: Für eine Schale Wasser gib ein tüchtiges

Mahl. Für einen freundlichen Gruß neig dich rasch zur Erde. Für einen bloßen Pfennig zahle zurück in Gold. Wer dein Leben rettet, dem enthalte das Leben nicht vor. Achte auf die Worte und Taten des Weisen: Sie vergelten jeden kleinen Dienst zehnfach. Doch der wahrhaft Edle erkennt alle Menschen als eines und gibt mit Freude Gutes für das Üble, das man ihm antat.

MAHATMA GANDHI

Gott hat Himmel und Erde geschaffen, aber es fehlte ihnen die Fähigkeit, das Glück ihres Seins zu verstehen. Dann brachte Gott Kreaturen hervor, die das Glück ihrer Existenz begreifen und einen einzigen Körper aus all ihren denkenden Teilen schaffen konnten. Alle Menschen sind die Glieder dieses einen Körpers; um glücklich zu sein, sollten sie in Einklang mit demjenigen Willen leben, der ihr Leben beherrscht. Lasse uns im Einklang mit dieser großen Seele leben und sie mehr als uns selbst lieben!

BLAISE PASCAL

Verachte die kleinste gute Tat nicht, auch wenn sie darin besteht, daß du deinem Bruder mit freundlichem Gesicht begegnest.

WEISHEIT DES ISLAM

Ein freundlicher Mensch zeigt Harmonie in seiner Stimme, in seinen Worten, in seiner Bewegung und seinem Verhalten. Ein unfreundlicher Mensch zeigt in seinen Bewegungen, seinem Blick und Gesichtsausdruck, seinem Gang, in allen seinen Äußerungen Disharmonie, wenn man nur imstande ist, dies zu erkennen. Ich hatte in Indien einen Freund, der sehr leicht wütend wurde. Manchmal, wenn er mich besuchte, konnte ich ihm sagen: »Du bist heute verärgert.« Er fragte dann: »Wie kannst du das wissen?«

Worauf ich erwiderte: »Dein Turban erzählt es mir. Die Art, wie du deinen Turban gewickelt hast, zeigt Disharmonie.«

HAZRAT INAYAT KHAN

Ein finsteres Gesicht zu machen entspricht nicht der Natur des Menschen. Wenn die Freundlichkeit oft unterdrückt wird, erstirbt sie am Ende, so daß man sie überhaupt nicht mehr wecken kann. Versuche gerade nachzudenken und zu erkennen, daß dies gegen die Vernunft ist. Wenn nämlich das Empfinden für das, was falsch ist, verloren geht, lohnt es sich da noch zu leben?

MARC AUREL

Die Leute suchen das Glück und sind bestrebt, sein Gegenteil zu meiden, weil sie glauben, daß man sich am Glück erfreuen und über das Unglück bekümmern müsse. Doch das Begehren ist an sich unbegrenzt, während die Objekte und Dinge, die die Wünsche des Menschen befriedigen können, nur in begrenzter Zahl vorhanden sind. Unablässig darein verstrickt festzustellen, was wünschenswert und was nicht wünschenswert ist – wie kann man dabei jemals glücklich sein?

SSU CHE

Das, was man heute unter Erreichung des Ziels versteht, sind Staatskarossen und Kronen. Staatskarossen und Kronen aber sind nur etwas Äußerliches und haben nichts mit dem wahren Leben zu tun. Was der Zufall von außen bringt, ist nur vorübergehend. Das Vorübergehende soll man nicht abweisen, wenn es kommt, und nicht festhalten, wenn es geht. Deshalb soll man nicht um äußerer Auszeichnung willen selbstsüchtig in seinen Zielen werden, noch um äußerer Not und Schwierigkeiten willen. Dann ist unsere Freude die gleiche im Glück und Unglück, und man ist frei von allen Sorgen. Heute aber verlieren die Leute ihre Freude, wenn das Vorübergehende sie verläßt. Von diesem Gesichtspunkt aus sind sie auch in ihrer Freude immer in Unruhe. Deshalb heißt es: Die ihr Selbst verlieren an die Außenwelt, die ihr Wesen preisgeben an die andern: Das sind verkehrte Leute.

DSCHUANG DSI

Du fragst nach dem Gewinn –
Lauf vor deinen Kunden nicht davon.
Du fragst nach dem Monde –
Lauf vor der Nacht nicht davon.
Du fragst nach einer Rose –
Lauf vor den Dornen nicht davon.
Du fragst nach dem Geliebten –
Lauf vor dir selbst nicht davon.

JELALADDIN RUMI

Wie dich die Menschen nicht vom rechten Handeln abbringen können, die sich dir hindernd entgegenstellen, wenn du nur auf dem Wege der rechten Vernunft vorankommst, so sollen sie dir auch nicht das Wohlwollen austreiben, das du ihnen gegenüber empfindest. Achte vielmehr auf dich mit gleicher Aufmerksamkeit bei beiden Aufgaben: nicht nur fest zu bleiben in deinen Entscheidungen und Handlungen, sondern auch voller Güte denen gegenüber, die dir Schwierigkeiten zu machen versuchen oder auf andere Weise deinen Unwillen erregen. Denn ihnen zu grollen, wäre nicht weniger ein Zeichen von Schwäche als der Verzicht auf dein Vorhaben und dessen Preisgabe aus Angst. Denn es sind beide in gleicherweise fahnenflüchtig: wer sich einschüchtern läßt und wer gegen den eingenommen ist, der von Natur mit ihm verwandt und vertraut ist.

MARC AUREL

Du hast Augen, damit du sehen und ringsum alles überschauen kannst. Wo du Schmutz siehst, wasche ihn ab, was dürr ist, laß grün werden, und sorge, daß deine Gewürze schmackhaft sind. Wenn du keine Augen hättest, könntest du dich entschuldigen. Nun aber hast du Augen. Warum schaust du nicht um dich, sondern hältst lange Reden in deinem Denken? Häufig urteilst du über andere in Dingen, in denen du selbst nicht beurteilt werden möchtest. Zuweilen allerdings sagst du das, was du vorbringst, mit Weisheit.

HILDEGARD VON BINGEN

Sage nicht alles, was du weißt, aber wisse immer, was du sagst.

MATTHIAS CLAUDIUS

Gesprochene Worte können gut oder schlecht sein. An einen Menschen gerichtet, können sie angenehm oder aufreizend sein. Worte erhalten oder stürzen Nationen. Geschrieben in ein Buch, können sie weise oder dumm sein. Ja, sollten wir uns nicht in acht nehmen mit unseren Worten?

FANG HSIAO JU

Beim Denken
zeigt sich die Güte in der Tiefe.
Beim Schenken
zeigt sich die Güte in der Liebe.
Beim Reden
zeigt sich die Güte in der Wahrheit.
Beim Walten
zeigt sich die Güte in der Ordnung.
Beim Wirken
zeigt sich die Güte im Können.

LAU DAN

Denn das schenkt uns die Heiterkeit der Seele, nicht nur die, die aus dem rechten Handeln erwächst, sondern gerade auch die,

die man der Beschränkung auf wenige wesentliche Aufgaben verdankt. Wenn man nämlich das meiste von dem, was wir sagen und tun, als unnötig unterläßt, wird man mehr Muße und weniger Unruhe haben. Daher sollte man sich bei jedem gegebenen Anlaß der Frage erinnern: Gehört das wirklich zu den unerläßlichen Handlungen? Aber man soll nicht nur die Handlungen, die nicht unbedingt nötig sind, unterlassen, sondern selbst Vorstellungen unterdrücken, soweit sie nicht in einem höheren Sinne notwendig sind. Denn dann folgen auch keine Handlungen nach, auf die man gut verzichten könnte.

MARC AUREL

Meine Lebensarbeit hat Bedeutung für mich selbst, und ich glaube, daß sie es auch in einem gewissen Grade für andere hat, wenn ich sie auch nicht bestimmen oder genau angeben kann. Ich freue mich, daß das per-

sönliche Leben anderer für mich Bedeutung hat; ich wünsche und hoffe, daß auch mein persönliches Leben für die Bedeutung habe, mit denen ich in meiner ganzen Lebensbetrachtung sympathisiere … .
So hat mein Leben Bedeutung für mich, so viel, daß ich mich froh und zufrieden dabei fühle. Bei alledem lebe ich zugleich ein höheres Leben, und wenn es bisweilen geschieht, dass ich dieses höhere Leben in dem Atemzug meines irdischen und häuslichen Lebens einatme, dann preise ich mich selig, dann verschmelzen sich Kunst und Gnade. So liebe ich das Dasein, weil es schön ist, und hoffe auf ein noch Schöneres.

SØREN KIERKEGAARD

Des Himmels Weg kennt keine Bevorzugung – er ist immer mit dem Guten.

LAU DA

Der Eingang zur Wahrheit

Auf des Wassers Tropfen achtend
Ich des Weltmeers Wesen fand;
Sonnenstäubchen still betrachtend
Hab' die Sonne ich erkannt.

Askeri

Es gibt zwei Arten, die Natur zu lesen – als eine Maschine und als eine Schöpfung. Wenn wir an sie herangehen mit der Voraussetzung, daß sie eine Schöpfung ist, werden wir sie mit Ehrfurcht studieren, wenn wir voraussetzen, daß sie ein bloßes System ist, mit bloßer Neugierde.

JOHN HENRY NEWMAN

Warum erfüllen uns Gräser, eine Wiese, eine Tanne mit so reiner Lust? Weil wir da Lebendiges vor uns sehen, das nur von außen her zerstört werden kann, nicht durch sich selbst. Der Baum wird nie an gebrochenem Herzen sterben und das Gras nie seinen Verstand verlieren. Von außen droht ihnen jede mögliche Gefahr, von innen her aber sind sie gefeit. Sie fallen sich nicht selbst in den Rücken wie der Mensch mit seinem Geist und ersparen uns damit das wiederholte Schauspiel unseres eigenen zwiespältigen – darum aber freilich auch um so entwicklungsfähigeren – Lebens.

CHRISTIAN MORGENSTERN

Wie viele Freuden gewährt nicht schon allein die wahre und richtige Wertschätzung der Dinge. Wie oft gründet sich das Unglück eines Menschen bloß darin, daß er den Dingen unmögliche Wirkungen zuschrieb oder aus Verhältnissen falsche Resultate zog und sich darinnen in seinen Erwartungen betrog. Wir werden uns seltner irren, mein Freund, wir durchschauen dann die Geheimnisse der physischen wie der moralischen Welt, bis dahin, versteht sich, wo der ewige Schleier über sie waltet, und was wir bei dem Scharfblick unsres Geistes von der Natur erwarten, das leistet sie gewiß. Ja, es ist im richtigen Sinne sogar möglich, das Schicksal selbst zu leiten, und wenn uns dann auch das große allgewaltige Rad einmal mit sich fortreißt, so verlieren wir doch nie das Gefühl unsrer selbst, nie das Bewußtsein unseres Wertes. Selbst auf diesem Wege kann der Weise, wie jener Dichter sagt, Honig aus jeder Blume saugen. Er kennt den großen Kreislauf der Dinge und freut sich daher der Vernichtung wie dem Segen, weil er weiß, daß in ihr wieder der Keim zu neuen und schöneren Bildungen liegt.

HEINRICH VON KLEIST

Aufrichtige Leute können die Dinge immer in ihrer Wirklichkeit, wenn auch niemals vollkommen sehen. Keine menschliche Fähigkeit sah je das Ganze eines Dings; aber wir können mehr und mehr davon sehen, je länger wir es anschauen, jeder einzelne wird nach seiner besondern Gemütsart etwas Verschiedenes davon sehen; doch sind, vorausgesetzt daß die Gemütsart redlich ist, alle die Verschiedenheiten da. Jeder Fortschritt in der Genauigkeit unseres Wahrnehmens wird uns etwas Neues zeigen; aber das alte zuerst Erkannte wird noch da sein. Durch die neuen Wahrnehmungen nicht widerlegt, nur gemildert und bereichert, wird es immer schöner in seinem Einklang mit ihnen und immer mehr als Teil der unendlichen Wahrheit bewährt werden.

JOHN RUSKIN

Alle Menschen erleiden dieselbe Berührung von der Natur, sie wissen's nur nicht; ich bin gerade wie sie, nur der Unterschied ist, daß ich bewußt bin; denn ich hab das Herz gehabt, dringend und mit leidenschaftlicher Liebe zu fragen; andre Menschen lesen's wohl als poetische Fabel, daß die Natur um Erlösung bitte, andre Menschen empfinden wohl eine Unheimlichkeit, wenn sie so in der lautlosen stillen Natur dastehen, es bedrängt ihr Herz, sie wissen weder den Geist zu wecken in sich, noch zu bezwingen; da gehen sie ihr fühllos aus dem Weg, ihr Inneres sagt ihnen wohl, hier geht was vor, du solltest dich dem hingeben, dann überkommt sie eine Angst, und sie ziehen sich wieder ins Gewohnheitsleben, wo eine Mahlzeit die andre verabschiedet, bis der Schlaf obendrein sich einstellt, und dann ist der Tag und die Nacht herum; und dafür hätte man gelebt? Nein, das ist nimmermehr wahr!

BETTINA VON ARNIM

An manchem müßigen Tag
grämte ich mich der verlorenen Zeit.
Doch sie war nie verloren, o Herr.
Du nahmst jeden Augenblick meines Lebens
in Deine Hände.

Im Herzen der Dinge verborgen
ernährst Du den Samen zum Sproß,
die Knospe zur Blüte,
die reifende Blume zur Frucht.

Ich war müde und schlief und glaubte,
mein Werk wäre zu Ende.
Am Morgen erwachte ich und fand
meinen Garten voll vom Wunder der Blumen.

RABINDRANATH TAGORE

Nach der Umgebung, in der man den größten Teil des Tages zubringt, richtet sich notwendig auch die Entwicklung des eigenen Charakters.

ANTIPHON

Das Wunder ist das einzig Reale, es gibt nichts außer ihm. Wenn aber alles Wunder ist, d. h. durch und durch unbegreiflich, so weiß ich nicht, warum man dieser großen einen Unbegreiflichkeit, die alles ist, nicht den Namen Gott sollte geben dürfen.

CHRISTIAN MORGENSTERN

Alle Natur ist für uns belebt,
ist von göttlichem Geist, von Gesetz,
von Notwendigkeit durchdrungen.
Wir kennen keine Materie
ohne diesen göttlichen Geist,
keinen Geist ohne Materie.

ERNST HAECKEL

Wald und freie Bergluft haben mich zur Furchtlosigkeit erzogen, zu gläubiger Lebensfreude, zu dankbarem Staunen vor aller Schönheit. Zur Wissenschaft von der ewigen Wiederkehr des Frühlings, zum Glauben, daß alle Torheit ein Umweg zur Klugheit ist, aller Schmerz ein Weg zur Freude.

LUDWIG GANGHOFER

Es gibt Menschen, die mit offenen Augen reisen. Es sind diejenigen, die alle Schönheit auf dem Weg erblicken, die sich an der Reise freuen und die Wunder des Reisens schätzen. Jeder Schritt vorwärts bietet ihnen eine neue Erfahrung, eine größere Freude, einen besonderen Segen. Sie erleben den Tanz der Seele. Den Tanz der Seele können wir nur verstehen, wenn wir das Wasser in einem Tank beobachten und das fließende Wasser eines Flusses. Im Tank ist das Wasser abgestanden, tot; auf die gleiche Weise kann ein Mensch teilnahmslos, schwerfällig, deprimiert sein. Das Wasser des fließenden Stromes tanzt in jedem Augenblick. Die tanzende Seele zieht alles an wie ein fließendes Wasser und bereitet allen Freude und Befriedigung, die sie sehen können.

HAZRAT INAYAT KHAN

Ist denn das Wasser für den Tropfen klein oder groß? Nein, er ist der Tropfen und das Wasser zugleich; Wasser aber ist weder klein noch groß, und wenn der Tropfen zurückblickt auf den Wasserfall, so wird er doch darum nicht sagen können: Wasser ist groß. Und so ist »Gott« auch nicht größer da, wo er die »Milchstraße« ist, als da, wo er in einem Menschen im Gras liegt. An sich ist diese Blume hier nichts Geringeres als zehntausend Gestirne. Und so zerbrich denn auch nicht, Herz, an diesen Worten »groß« und »klein«, denn »das gibt es alles gar nicht«.

CHRISTIAN MORGENSTERN

Schönheit ist der Sinn der Welt. Schönheit genießen, heißt die Welt verstehen.

OTTO JULIUS BIERBAUM

Im Wasser wogt die Lilie,
die blanke,
hin und her;
Doch irrst du, Freund, sobald du sagst,
sie schwanke
hin und her.

Es wurzelt ja so fest ihr Fuß
im tiefen Meeresgrund;
Ihr Haupt nur wiegt
ein lieblicher Gedanke
hin und her.

AUGUST GRAF VON PLATEN

Schönheit ist empfundener Rhythmus. Rhythmus der Wellen, durch die uns alles Außen vermittelt wird.
Oder auch: *Schön* ist eigentlich alles, was man mit Liebe betrachtet. Je mehr jemand die Welt liebt, desto schöner wird er sie finden.

CHRISTIAN MORGENSTERN

Die Schwierigkeit besteht nicht darin, daß es keine schönen Wirklichkeiten gibt, sondern darin, daß so wenige von uns sie erkennen, wenn wir ihnen begegnen.

GEORGE BERNARD SHAW

Alles Schöne, von welcher Art es auch sein mag, ist an und für sich schön, es ist in sich selbst vollendet, und das Lob bildet keinen Bestandteil seines Wesens.

MARC AUREL

Die Natur gibt die Schönheit des Baues, die Seele gibt die Schönheit des Spiels. Eine schöne Seele gießt auch über eine Bildung, der es an architektonischer Schönheit mangelt, eine unwiderstehliche Grazie aus, und oft sieht man sie selbst über Gebrechen der Natur triumphieren. In einer schönen Seele ist es also, wo Sinnlichkeit und Vernunft, Pflicht und Neigung harmonieren.

FRIEDRICH VON SCHILLER

Ich zog eine Winde am Zaun,
und was sich nicht wollte winden
von Ranken nach meiner Laune,
begann ich dann anzubinden

und dachte, für meine Mühen
sollt es nun fröhlich blühen.

Doch bald hab' ich gefunden,
daß ich umsonst mich mühte;
nicht, was ich angebunden,
war, was am schönsten blühte,
sondern, was ich ließ ranken
nach seinen eigenen Gedanken.

FRIEDRICH RÜCKERT

Ruhige Pflanzenwelt! In deiner kunstreichen Stille vernehme ich das Wandeln der Gottheit; deine verdienstlose Trefflichkeit trägt meinen forschenden Geist hinauf zu dem höchsten Verstande; aus deinem ruhigen Spiegel strahlt mir sein göttliches Bild. Der Mensch wühlt mir Wolken in den silberklaren Strom – wo der Mensch wandelt, verschwindet mir der Schöpfer.

FRIEDRICH SCHILLER

Daß die Rose dir zum Beispiel werde!
Sonne, Tau und süßen Wind vom Osten,
allen Glanz und alles Glück der Erde
weiß sie frei und unbesorgt zu kosten.
Des Propheten Weisheit braucht sie nicht:
Denn sie lebt ja so, wie jener spricht.

HAFIS

Hier ist die Ruhe des Sees, wenn sich kein Lüftchen regt; dort ist die Ruhe des stehenden Wassers im Graben. So ist es auch mit uns. Manchmal sind wir auf gesunde Art geläutert und beruhigt wie nie zuvor im Leben, nicht durch ein Schlafmittel, sondern durch unbewußten Gehorsam gegenüber den allgerechten Gesetzen, so daß wir wie ein stiller See von reinstem Kristall werden, und mühelos offenbaren sich unsre Tiefen. Die ganze Welt geht vorüber und spiegelt sich in unserem Grund. Solche Klarheit! Errungen mit solch reinen Mitteln! Durch einfaches

Leben, durch ehrliche Absicht. Wir leben und jubeln. Ich erwachte in einer Musik, die außer mir niemand hörte. Wem soll ich dafür danken? Lust der Weisheit! Lust der Tugend! Ich spürte, wie mein Schöpfer mich segnet. Der ist bei Sinnen, für den die Welt ein Musikinstrument ist. Eine leise Berührung schon schenkt innige Freude.

HENRY DAVID THOREAU

Wenn Wasser sich in Ruhe befindet, ist es so klar, daß es den Bart eines Mannes widerspiegeln kann; es erhält sich völlig waagerecht und wird auch vom Zimmermann benutzt, um die Waagerechte zu bestimmen. Wenn nun das Wasser klar ist, wenn es sich in Ruhe befindet, wieviel mehr der Menschengeist! Wenn der Geist des Weisen ruhig ist, wird er zum Spiegel des Alls, der alles, was in ihm liegt, widerspiegelt.

LAOTSE

Niemals wirst du dich der Welt recht erfreuen, ehe nicht die See selbst in deinen Adern fließt, dich der Himmel umhüllt und die Sterne dich krönen. Und betrachte dich als den einzigen Erben der ganzen Welt – und mehr als das, denn Menschen sind in ihr, von denen jeder einzelne einziger Erbe ist, genau wie du.

THOMAS TRAHERNES

Wo ist der Eingang zum Pfade der Wahrheit? Hörst du das Murmeln des Baches – dort ist der Eingang.

ZEN

Der Wind spricht zu den riesigen Eichen nicht süßer als zum geringsten aller Grashalme. Und der alleine ist groß, der die Stimme des Windes in ein Lied verwandelt.

KHALIL GIBRAN

Wir wissen nicht, was ein Baum ist; nicht, was eine Wiese, nicht, was ein Felsen ist; wir können nicht in unserer Sprache mit ihnen reden; wir verstehen nur uns untereinander. Und dennoch hat der Schöpfer in das Menschenherz eine solche wunderbare Sympathie zu diesen Dingen gelegt, daß sie demselben, auf unbekannten Wegen, Gefühle, oder Gesinnungen, oder wie man es nennen mag, zuführen, welche wir nie durch die abgemessensten Worte erlangen.

WILHELM HEINRICH WACKENRODER

Am Wegrand steht ein alter Baum.
Der ist verdorrt seit vielen Tagen.
Sein Kern ist schwarz,
seit ihn der Blitz geschlagen.
Und doch erscheint noch frisch
der Rinde Braun.
So gibt es viele, die ein Leid ertragen
Und nichts davon in ihrem Äußern klagen.

PO TSCHÜ J

Die Blätter fallen, fallen wie von weit,
als welkten in den Himmeln ferne Gärten;
sie fallen mit verneinender Gebärde.
Und in den Nächten fällt die schwere Erde
aus allen Sternen in die Einsamkeit.

Wir alle fallen. Diese Hand da fällt.
Und sieh dir andre an: es ist in allen.

Und doch ist Einer, welcher dieses Fallen
unendlich sanft in seinen Händen hält.

RAINER MARIA RILKE

Es gibt nichts Totes auf der Welt
hat alles sein' Verstand.
Es lebt das tote Felsenriff
es lebt der dürre Sand ...

Laß Deine Augen offen sein
geschlossen Deinen Mund.

Dann werden Dir
geheime Dinge kund.

HERMANN LÖNS

Liebt die ganze Schöpfung Gottes,
das gesamte All
wie auch jedes Sandkörnchen.
Jedes Blättchen liebt,
jeden Sonnenstrahl Gottes!
Liebt die Tiere,
liebt die Pflanzen,
liebt jegliches Ding!
Wer jegliches Ding liebt,
wird auch das Geheimnis Gottes
in den Dingen erfassen.
Hat er es einmal erfaßt,
so wird er es auch Tag für Tag
immer mehr erkennen.
Und schließlich wird er die ganze Welt
lieben in ungeteilter, allumfassender Liebe.

FJODOR M. DOSTOJEWSKIJ

Ich lerne sehen

Es ist nicht draußen,
da sucht es der Tor,
Es ist in Dir,
Du bringst es ewig hervor.

Friedrich von Schiller

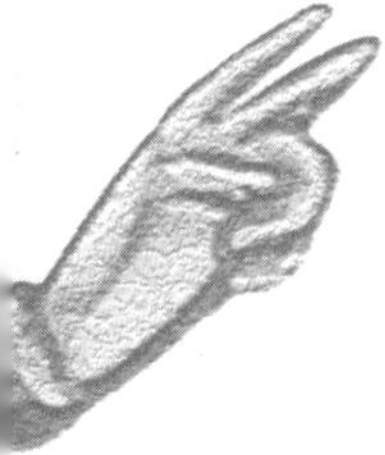

Ich lerne sehen. Ich weiß nicht, woran es liegt, es geht alles tiefer in mich ein und bleibt nicht an der Stelle stehen, wo es sonst immer zu Ende war. Ich habe ein Inneres, von dem ich nichts wußte. Alles geht jetzt dorthin.

RAINER MARIA RILKE

Wer auf den rechten Weg will,
Muß durchaus durch sich selbst hindurch.

WILHELM BUSCH

Die Seele soll vor allem zunächst einmal über sich selbst Bescheid wissen, im eigenen Interesse soll sie das, und so ist auch die richtige Reihenfolge. Es ist die richtige Reihenfolge: denn was uns zuallererst vorgegeben ist, sind wir selbst. Es ist ihr eigenes Interesse, weil ein solches Wissen nicht aufbläht, sondern den Menschen niedrig macht und auf den Boden stellt und ihn so wahrlich zum Aufbau seiner selbst rüstet. Nur wenn einer niedrig mit beiden Beinen auf dem Boden steht, ist das Fundament so tragfähig, daß ein geistliches Gebäude darauf stehen kann. Um niedrig Kontakt zu halten mit dem Boden, kann die Seele kaum etwas Beherzteres und ihr Angemesseneres erfahren, als daß sie sich selbst in der Wahrheit auf die Spur kommt. Die Voraussetzung dafür ist, daß sie sich selbst nichts vormacht, kein Trug in ihrem Geiste wohnt, sie sich selbst vielmehr ins Gesicht schaut und sich nicht von sich ablenken läßt.

BERNHARD VON CLAIRVAUX

Nichts Geringeres als das Unendliche und das Wunderbare ist uns notwendig, und der Mensch tut gut daran, sich mit nichts Geringerem zufriedenzugeben und sich nicht daheim zu fühlen, solange er es nicht erlangt hat. Das ist das Glaubensbekenntnis, das alle guten Menschen in ihren Werken ausgedrückt haben, alle, die ein wenig tiefer gedacht und nach mehr gesucht und mehr gearbeitet und geliebt haben als andere – die hinabgetaucht sind in die Tiefen des Lebensmeeres.

VINCENT VAN GOGH

Hänge dich niemals an Dinge, die dir lieb sind, sonst leidest du, wenn jenes Ding dir nicht mehr zuhanden ist. Verstricke dich nicht in Dinge, die dir lieb sind, sonst wirst auch du vergehen, wenn sie vergehen. Halte dich frei von lieben und unlieben Dingen, so wirst du frei und ohne Fesseln sein.

GAUTAMA BUDDHA

Scheue niemand so viel, als dich selbst. Inwendig in uns wohnet der Richter, der nicht trügt, und an dessen Stimme uns mehr gelegen ist, als an dem Beifall der ganzen Welt und der Weisheit der Griechen und Ägypter.

MATTHIAS CLAUDIUS

Der Altvater Poimen wurde von einem Bruder gefragt: »Wie soll ich mein Leben einrichten?« Der Altvater antwortete ihm: »Verhalte dich immer wie einer, der anfängt, und wo du auch bist, laß dein eigenes Wort nicht Macht über dich gewinnen, und du wirst Ruhe finden.«

WEISHEIT DER WÜSTENVÄTER

Bist du ehrerbietig im Innern, wirst du würdig sein im Äußeren. Laß dich nicht durch die Erscheinung verwirren. Handle so, daß dein Leben ein Beispiel ist – dann kannst du hoffen, ein Weiser zu sein.

FANG HSIAO JU

Denn die sich am Äußeren freuen, geben schnell sich selbst auf und zerfließen im Sichtbaren und Zeitlichen, und ihre hungrigen Gedanken zehren von den dort gewonnenen Bildern. Oh, daß sie den Mangel wirklicher Speise empfänden und sprächen: »Wer wird uns Gutes sehen lassen?«, und sie vernähmen die Antwort: »Das Licht Deines Angesichts, Herr, ist gezeichnet über uns.« Denn nicht wir sind das Licht, welches jeden Menschen erleuchtet, sondern wir werden erleuchtet von Dir, damit wir, die vormals Finsternis waren, Licht werden in Dir. Oh, daß jene im Innern Dein Licht schauen könnten!

AURELIUS AUGUSTINUS

Nun sei es, Menschlein, fliehe ein wenig die Beschäftigung mit dem Irdischen, verbirg dich ein wenig vor deinen lärmenden Gedanken, wirf deine lästigen Sorgen weg, und setze deine mühseligen Zerstreuungen beiseite! Sei ein wenig für Gott da, ruhe dich ein wenig in ihm aus! Gehe in das Gemach deines Geistes hinein, schließe alles aus außer Gott und dem, was dir ihn suchen hilft! Suche ihn bei verschlossener Türe.

ANSELM VON CANTERBURY

Da suchen sich die Menschen Stätten, um sich zurückzuziehen: Aufenthalt auf dem Lande, an der See, im Gebirge. Und auch du pflegst dich am meisten nach solchen Stätten zu sehnen. Und doch ist all solches Verlangen in höchstem Grade kindisch, während es doch möglich ist, sich zu jeder Stunde, wenn man will, in sich selber zurückzuziehen. Denn der Mensch zieht sich nach keiner anderen Stätte zu größerer Ruhe und Ungestörtheit zurück als in seine eigene Seele – vor allem derjenige, der in sich einen solchen Seelengrund hat, daß er, wenn er in ihm untertaucht, sich alsbald in vollendeter Ruhe befindet. Unter »Ruhe« aber verstehe ich nichts anderes als vollendete Harmonie. Suche dir daher ständig diese Zuflucht und erneuere dich selbst.

MARC AUREL

Der Mensch soll sich in der Nacht und unter Tags stets eine gute Zeit nehmen, und in der soll er sich in seinen Grund hinein versenken, jeder auf seine Weise. Die edlen Menschen, die sich in Lauterkeit ohne Bilder und Formen in Gott versenken können, sie sollen es tun auf ihre Weise. Und die anderen sollen sich ebenfalls auf ihre Weise eine gute Stunde darin üben; jeder auf seine Weise.

JOHANNES TAULER

Jemand sagte zu Meister Liä Dsi: »Wie kann der Meister die Leere so hochschätzen?« Liä Dsi sprach: »Die Leere braucht keine Hochschätzung. Nicht auf den Namen kommt es an. Nichts gleicht der Stille, nichts der Leere. Durch Stille, durch Leere findet man Heimat, durch Nehmen und Geben verliert man seinen Ort. Wenn eine Sache verdorben und zerstört ist, kann man sie nicht wiedergutmachen, wenn man nachher herumfuchtelt mit Liebe und Pflicht.«

LIÄ DSI

Wenn es nur einmal so ganz stille wäre.
Wenn das Zufällige und Ungefähre
verstummte und das nachbarliche Lachen,
wenn das Geräusch, das meine Sinne machen,
mich nicht so sehr verhinderte am Wachen –:

Dann könnte ich in einem tausendfachen
Gedanken bis an deinen Rand dich denken
und dich besitzen (nur ein Lächeln lang),
um dich an alles Leben zu verschenken
wie einen Dank.

RAINER MARIA RILKE

Solange wir nicht ruhevoll gelassen
des Lebens Glück und Ungemach ertragen,
solange werden wir die Welt nicht fassen.

Wir müssen ohne Lieben, ohne Hassen
so Leid wie Lust nach ihrem Sinne fragen;
nur dann vermag uns Gott Sein Wort zu sagen,
nur so wird Sinnentrug zu Schein verblassen.

CHRISTIAN MORGENSTERN

»Denn, wahrlich, wer glaubt, Gottes mehr zu erlangen in Innerlichkeit, in Andacht und süßer Verzückung als bei dem Herdfeuer oder in dem Stalle, der tut wie einer, der seinen Gott nähme, ihm einen Mantel um das Haupt wände und ihn dann unter eine Bank schöbe.«

MEISTER ECKHART

Ein Bruder fragte einen Altvater: »Was soll ich tun? Viele unnötige Gedanken bedrängen mich, und ich weiß nicht, wie ich gegen sie ankämpfen soll.«
Der Greis sagte: »Kämpfe nicht gegen alle Gedanken, sondern nur gegen einen. Denn alle bösen Gedanken der Mönche haben eine

einzige Quelle. Es ist also notwendig, diese zu suchen, über sie nachzudenken und ihr zu widerstehen. So werden auch die übrigen Gedanken zurechtgebracht.«

WEISHEIT DER WÜSTENVÄTER

Wenn unser Geist von Gedanken des Gebets erfüllt ist, dann erscheint uns alles in der Welt gut und angenehm. Gebet ist eine wesentliche Voraussetzung für einen Fortschritt im Leben.

MAHATMA GANDHI

Welten bauen genügt dem tiefer
dringenden Sinn nicht:
Aber ein liebendes Herz sättigt
den strebenden Geist.

NOVALIS

Wer sich an den Menschen erfreut, ist nicht der Vollendete. Wer Zuneigung hat, ist nicht der Liebende. Wer auf die Zeit achtet, ist nicht der Weise. Wer nicht Gut und Übel gleicherweise aufnimmt, ist nicht der Überlegene. Wer nicht jenseits der Geltung steht, ist nicht der Vorbildliche. Wer sich nicht in unbedingter Weise aufgibt, kann nicht der Herrscher sein.

DSCHUANG DSE

Wer ewig ohne Begehren,
Wird das Geheimste schaun;
Wer ewig hat Begehren,
Erblickt nur seinen Saum.

LAOTSE

Niemals steht ein Unfriede in dir auf, der nicht aus dem Eigenwillen kommt, ob man's nun merke oder nicht. Darum fange zuerst bei dir selbst an und lass' los. Wahrhaftig, fliehst du nicht zuerst dich selbst, wohin du sonst fliehen magst, da wirst du Hindernis und Unfrieden finden, wo immer es auch sei. Die Leute, die da Frieden suchen in äußeren Dingen, sei

es an Stätten oder in Weisen, bei Leuten oder in Werken, in der Fremde oder in Armut oder in Erniedrigung – wie eindrucksvoll oder was es auch sei, das ist dennoch alles nichts und gibt keinen Frieden. Sie suchen völlig verkehrt, die so suchen. Je weiter weg sie in die Ferne schweifen, um so weniger finden sie, was sie suchen. Sie gehen wie einer, der den Weg verfehlt: Je weiter der geht, um so mehr geht er in die Irre.
Aber, was soll er denn tun? Er soll zuerst sich selbst lassen, dann hat er alles gelassen.

MEISTER ECKHART

Schon oft ist mir klargeworden, daß, wer nach Wahrheit sucht, schweigsam sein muß. Ich kenne die wunderbare Wirkung des Schweigens. In Südafrika habe ich einmal ein Trappistenkloster besucht. Was für ein herrlicher Ort! Die meisten Bewohner des Klosters waren durch das Schweigegelübde gebunden. Ich fragte den Abt nach den Motiven dafür, und er sagte, der Grund liege auf der Hand: »Wir sind schwache Menschen; wir wissen sehr oft nicht, was wir sagen. Wenn wir auf die sanfte, leise Stimme hören wollen, die immer in uns spricht, dann werden wir sie nicht verstehen können, wenn wir selbst ständig reden.« Diese wertvolle Lehre habe ich begriffen. Ich kenne also das Geheimnis des Schweigens.

MAHATMA GANDHI

Daß ich Mensch bin, habe ich mit allen Menschen gemein, daß ich sehe und höre und esse und trinke, stellt mich den Tieren gleich. Aber daß ich nur ich bin, ist nur mir zu eigen und gehört mir und niemand anderem, keinem Menschen, keinem Engel und auch nicht Gott, nur insofern ich eins mit ihm bin.

MEISTER ECKHART

Sorge für Deinen Leib, doch nicht so, als wenn er Deine Seele wäre.

MATTHIAS CLAUDIUS

Man muß darauf achten, keine Handlung in Ungeduld zu verrichten. Die Liebe allein bestimmt den Wert unseres Tuns.

FRANZ VON SALES

Als einmal der Altvater Johannes mit anderen Brüdern von der Sketis (dem Gebiet der Einsiedler) herabstieg, verirrte sich ihr Führer, denn es war Nacht. Da sagten die Brüder: »Was sollen wir tun, Vater Abbas, der Bruder verfehlt den Weg. Daß wir auf der Irrfahrt nicht sterben!«
Der Greis antwortete ihnen: »Wenn wir es ihm sagen, dann schmerzt und beschämt es ihn. Aber gebt acht, ich will mich erschöpft stellen und sagen: ›Ich kann nicht mehr weitergehen, sondern bleibe hier bis zum Morgen.‹«

Und er machte es so.
Darauf sagten die anderen: »Auch wir gehen nicht mehr weiter, sondern bleiben bei dir sitzen.«
Und so blieben sie sitzen bis zum Morgen und gaben so dem Bruder keinen Anstoß.

WEISHEIT DER WÜSTENVÄTER

Wer seinen Mund und seine Zunge bewahrt, der bewahrt seine Seele vor Angst.

WEISHEIT SALOMOS

Erringe du den inneren Frieden, und eine große Zahl von Menschen um dich herum wird ihren Frieden finden.

STAREZ SERAPHIM VON SAROW

Das sicherste Zeichen wirklicher Weisheit ist eine stets gleichmäßig freudige Grundstimmung der Seele. Den Pessimisten oder den beständig Klagenden unter allen Weisheits-

lehrern ist nicht ganz zu trauen. Sie befinden sich allerhöchstens in den Anfangsstadien der wahren Weisheit, oder sie sind ihr schon sehr fern.
Frage dich nun aber ernsthaft: Wie ist diese beständige Freudigkeit zu erlangen? Das ist eigentlich die größte Frage für das Leben auf Erden.

CARL HILTY

Drum, wer Ohren hat zu hören, der höre! Es ist nicht zwei, nicht drei, nicht tausende, es ist eins und alles, es ist nicht Körper und Geist geschieden, daß das eine der Zeit, das andere der Ewigkeit angehöre, es ist Eins, gehört sich selbst, und ist Zeit und Ewigkeit zugleich, und sichtbar, und unsichtbar, bleibend im Wandel, ein unendliches Leben.

KAROLINE VON GÜNDERODE

Wir sind bloss Sucher

Könnten wir die ganze Wahrheit schauen,
so wären wir nicht mehr bloß Sucher,
sondern eins mit Gott.
Aber da wir bloß Sucher sind,
suchen wir weiter, unserer
Unvollkommenheit bewußt.

Mahatma Ghandi

Erzeugen, doch nicht besitzen.
Tun, doch nicht drauf baun.
Leiten, doch nicht beherrschen –
dies nennt man mystische Tugend.

LAOTSE

Es gibt fünf Mittel und Wege, zur Weisheit zu gelangen: schweigen, hören, sich erinnern, handeln und studieren.

WEISHEIT DER ARABER

Um zur Vollkommenheit zu gelangen, muß man wenig wollen und nichts verlangen. Es ist wahr, sich daran halten, heißt wirklich arm sein, aber ich bin sicher, daß eben darin das große Geheimnis besteht, vollkommen zu werden. Und doch ist das etwas so Verborgenes, daß nur wenige davon wissen oder, wenn sie es wissen, sich danach richten. Es gibt Menschen, die um Kreuze bitten, und es scheint ihnen, daß der Herr ihnen niemals genug gibt, um ihrem Eifer zu entsprechen. Ich für mein Teil bitte nicht um Kreuze, ich habe nur den Wunsch, mich so geduldig und demütig ich kann bereit zu halten für die, die Gottes Güte mir schicken mag. Mir würde es Freude machen, meinen Weg ganz einfach immer weiter zu gehen, ohne das Verlangen, irgend etwas anderes zu wünschen.

FRANZ VON SALES

Die vollkommenen Weisen des Altertums kannten weder die Liebe zum Leben noch den Hass auf den Tod. Der Eintritt ins Leben war für sie kein Grund zur Freude, der Austritt aus ihm rief keinen Widerstand hervor. Sie kamen und gingen in Gelassenheit. Sie vergaßen nicht ihren Anfang, noch fragten sie nach ihrem Ende. Sie nahmen ihr Leben hin und freuten sich daran; sie vergaßen jegliche Furcht vor dem Tod und kehrten zurück zu dem Zustand vor ihrem Leben. Es lag ihnen fern, dem Weltgesetz zu widerstreben und den geringsten Versuch zu machen, mit menschlichen Mitteln das Göttliche befördern zu wollen.

DSCHUANG DSI

Die Menschen bezeichnet man als Vernunftwesen, aber unter Mißachtung des strengen Wortsinnes. Vernünftig sind nicht diejenigen, welche die Aussprüche und Schriften der Weisen der Vergangenheit durchaus studiert haben. Vernünftig ist, wer eine vernünftige Seele hat und unterscheiden kann, was das Gute und was das Böse ist; wer die Sünde und das der Seele Abträgliche meidet, im ausübenden Vollzug entschieden festhält am Guten und für die Seele Nützlichen; und wer dieses Tun verbindet mit tiefer Dankbarkeit gegen Gott: Nur diese Menschen darf man in Wahrheit vernünftig nennen.

ANTONIOS DER GROSSE

Glaube denen, die die Wahrheit suchen, und zweifle an denen, die sie gefunden haben.

ANDRÉ GIDE

Große Seelen sind nicht leicht zu finden; sie verbergen sich. Für gewöhnlich sieht man nur ein wenig Sonderlichkeit. Es gibt mehr große Seelen, als man glaubt.

STENDHAL

Der Weise verzichtet auf alles, worauf sich irgend verzichten läßt; denn er weiß, daß jedes Ding eine Wolke von Unfrieden um sich hat.

CHRISTIAN MORGENSTERN

Wer keinen Besitz hat in dieser Welt und in Gleichmut ungestört lebt, der hat sich den Dingen abgewandt und ist reich an Frieden.

GAUTAMA BUDDHA

Wieviel Muße gewinnt der, der nicht darauf, was sein Nächster spricht oder tut oder denkt, sondern nur auf das sieht, was er selbst tut, daß es gerecht und heilig sei.

MARC AUREL

Die einzige Art, das Schicksal zu unterwerfen, ist die, das Gegenteil des Bösen zu tun, das es zu tun zwingen wollte.

MAURICE MAETERLINCK

Um zu erlangen, alles zu genießen,
suche – in nichts Genuß.
Um zu erlangen, alles zu besitzen,
suche in nichts etwas zu besitzen.
Um zu erlangen, alles zu sein,
suche in nichts etwas zu sein.
Um zu erlangen, alles zu wissen,
suche in nichts etwas zu wissen.
Um zu erlangen, was du nicht verkostest,
geh dorthin, wo du nichts verkostest.

Um zu erlangen, was du nicht weißt,
geh dorthin, wo du nichts weißt.
Um zu erlangen, was du nicht besitzest,
geh dorthin, wo du nichts besitzest.
Um zu werden, was du nicht bist,
geh hin, wo du nichts bist.

JOHANNES VOM KREUZ

Denkst du, du kannst das Universum in die Hand nehmen und es vollkommen machen?
Ich glaube nicht, daß sich das tun läßt.
Das Universum ist heilig.
Vollkommener machen kannst du es nicht.
Wenn du es verändern willst,
wirst du es zugrunde richten.
Wenn du es festhalten willst,
wird es dir entgleiten.
So sind die Dinge manchmal voraus,
manchmal zurück;
manchmal fällt das Atmen schwer,
manchmal geschieht es mühelos;

manchmal ist Kraft da
und manchmal Schwäche;
manchmal wird man nach oben getragen,
manchmal nach unten gedrückt.
Daher meidet der Weise Übertreibung, Maßlosigkeit und Selbstzufriedenheit.

LAOTSE

Über das Herz zu siegen ist groß,
ich verehre den Tapfern,
Aber wer durch sein Herz sieget,
er gilt mir doch mehr.

FRIEDRICH SCHILLER

Wenn du dich eins fühlst mit dem Einen, das allein wirklich ist, wird dein ganzer Leib reine Kraft, wird zu einem Kraftstrom. Dein Leben wird zu einer Magnetnadel, die ein gewaltiger Magnet an sich zieht, und wie du tiefer und tiefer dringst, wirst du rein eine Mitte. Und dann bist du nicht einmal mehr das:

denn du wirst reines Bewußtsein, da gibt es keine Gedanken mehr. Es ist eine Überflutung, du bist nur mehr ein Strohhalm und wirst lebendig verschlungen; aber das ist höchstes Glück, denn dabei wirst du eben das, was dich verschlingt. Das Ich verliert sich im wahren Selbst; die Wirklichkeit ist erreicht.

RAMANA MAHARSHI

Je weiter ein Christ kommt, um so mehr sieht er, was ihm mangelt. Er wird von der Einbildung der Vollkommenheit dann weit entfernt sein, wenn er sich derselben am meisten befleißigt.

PHILIPP JACOB SPENER

Wie die Hand vors Auge gehalten den größten Berg verdeckt, so deckt das kleine irdische Leben dem Blick die ungeheuren Lichter und Geheimnisse, deren die Welt voll ist.

Und wer es vor seinen Augen wegziehen kann, wie man eine Hand wegzieht, der schaut das große Leuchten des Welteninnern.

WEISHEIT DER CHASSIDIM

Gerade die sichersten Gewinne der Weisheit sind die auf den höchsten Grad gesteigerten Fähigkeiten, den Weg stets aufs neue anzutreten, nie zu ermüden, das Wunder des Nichtwissens überzeugend wach zu erhalten.

ALEXANDER VON VILLERS

Damit ein Mensch ein Heiliger werde, ist die Gnade notwendig; wer das bezweifelt, weiß weder, was heilig, noch was der Mensch ist.

BLAISE PASCAL

Wenn Gott den Menschen jetzt bereit findet, so schaut er nicht darauf, was er vorher gewesen ist. Gott ist ein Gott der Gegenwärtigkeit. Wie er dich findet, so nimmt er und empfängt er dich, nicht als den, der du gewesen, sondern als den, der du jetzt bist.

DEUTSCHE MYSTIK

Und wenn du dreitausend Jahre lebtest, selbst dreißigtausend, so erinnere dich dennoch, daß keiner ein anderes Leben verliert als das, was er wirklich lebt, und kein anderes lebt, als das, was er verliert.

MARC AUREL

Ende und Ziel. – Nicht jedes Ende ist das Ziel. Das Ende der Melodie ist nicht deren Ziel; aber trotzdem: hat die Melodie ihr Ende nicht erreicht, so hat sie auch ihr Ziel nicht erreicht. Ein Gleichnis.

FRIEDRICH NIETZSCHE

Du fragst: »Wer ist's, der die Erde trägt,
So daß sie im Weltall unbewegt harrt?
Der das Gesetz der Wiederkehr erwägt,
Nach dem Mond und Sonne ihre Fahrt
Beginnen, enden? Der nach strengem Plan
Die Sterne weist in ihre Bahn?
Wer ist's, der dies alles denkt und treibt
Und ruhevoll im Ruhelosen bleibt?
Wolken sammeln sich. Die durstige Erde
Empfängt den überreich geschenkten Segen,
Damit der Regen wieder zur Wolke werde.
Wer ist's, der Wolke lenkt und Regen
Und ruhevoll im Ruhelosen bleibt?
Der Wind entsteht im Norden. Brausend weht
Er mal nach Westen, mal nach Osten hin,
Mal steigt er auf, zum Wirbelwind gedreht.
Wer ist's, der ihn geweckt und treibt
Und ruhevoll im Ruhelosen bleibt?«
O frage nicht nach Ursprung und Beginn
Und weile selber ruhevoll im Sinn.

DSCHUANG DSI

Langsam Tag an Tag
Reihen sich aneinander
Vergangene Dinge.
Kein Ich steht ihnen mehr im Wege,
Alles ist eins.

BUSON

Nicht du bist, der da lebt,
denn das Geschöpf ist tot!
Das Leben, das in dir
dich leben macht, ist Gott.

Was Gott ist, weiß man nicht!
Er ist nicht Licht, nicht Geist,
nicht Wonnigkeit, nicht Eins,
nicht was man Gottheit heißt.

ANGELUS SILESIUS

Bibliografische Information Der Deutschen Bibliothek
Die Deutsche Bibliothek verzeichnet diese Publikation in der Deutschen Nationalbibliografie; detaillierte bibliografische Daten sind im Internet über http://dnb.ddb.de abrufbar.

1 2 3 4 5 07 06 05 04 03

Ein Unternehmen der Verlagsgruppe Dornier
Postfach 80 06 69, 70506 Stuttgart, Tel.: 0711/78 80 30
Sie erreichen uns rund um die Uhr unter
www.kreuzverlag.de
Idee, Konzeption und Realisation:
Carpe Diem Concept GmbH, Freiburg im Breisgau
Produktion: art und weise, Merzhausen
Cover-Motiv:
Detail aus: Jean-Baptiste Regnault, Freiheit oder Tod
Herstellung: L.E.G.O. Olivotto S.p.A., Vicenza 2003
Printed in Italy

ISBN 3-7831-2295-3